Si l'Amérique m'était contée

Illustrations
Bertrand Dubois

rue des enfants

15, boulevard Bourdon – 75004 Paris
Imprimé en Pologne en juin 2022
ISBN : 9782351814130
Dépôt légal : septembre 2022
Loi n°49-956 du 16 juillet 1949 sur les publications destinées à la jeunesse,
modifiée par la loi n°2011-525 du 17 mai 2011

Le géant et l'homme ou la naissance du brouillard

Un homme pêche au bord de la rivière. Soudain, alors qu'il relève la tête, attentif au moindre animal susceptible de passer dans les environs, il voit se dresser à l'horizon la silhouette d'un homme immense. Un géant.
L'homme est très effrayé. « Il va me tuer, pense-t-il. Comment faire pour lui échapper ? Je pourrais peut-être faire semblant d'être mort, raide gelé. » Et le voilà qui s'allonge par terre, feignant la mort. Au moment où le géant s'approche, l'homme retient sa respiration. Le géant se penche sur le corps pour entendre si l'homme respire. Pas un souffle. Pour s'assurer que l'homme est bien mort, il l'empoigne et le secoue dans tous les sens. « Il ne bouge pas du tout, il est bien mort », pense le géant. Il attache son fardeau avec une lanière de cuir et le jette sur son dos. L'homme contracte tous ses muscles pour avoir l'air gelé. Il fait de grands efforts pour rester bien raide et retenir sa respiration le plus longtemps possible. Ainsi, il a vraiment l'air d'être mort de froid. Au bout d'un moment, le géant, son fardeau sur le dos, traverse une région plantée de nombreux petits saules rabougris.

L'homme, qui entrouvre les yeux de temps en temps, a une idée en apercevant les arbustes. « Si je m'agrippe aux saules, le géant se fatiguera et finira par me laisser sur place », se dit-il.

Le voilà qui s'accroche aux branches. À chaque fois que le géant, sentant sa marche ralentie, tire, l'homme lâche la branche. Et le géant trébuche. Après avoir failli tomber plusieurs fois, le géant s'arrête pour se reposer. Il se demande pourquoi il a tant de difficultés à progresser, lui qui d'habitude fait de grandes enjambées. Pris d'un doute, il tend l'oreille pour savoir si l'homme est vivant. Rien, pas un souffle. L'homme retient sa respiration du mieux qu'il peut. Le géant se remet en marche. L'homme, de nouveau, s'agrippe de toutes ses forces aux saules et les lâche à chaque fois que le géant tire. Le géant trébuche encore et encore, et finit par s'épuiser. Harassé par des heures de marche difficile, le géant arrive enfin à son immense demeure. Il range l'homme debout près de l'entrée. Puis, exténué, il se couche sur la plate-forme qui lui sert de lit. Sa femme, géante elle aussi, voit la viande fraîche rangée dans l'entrée et va chercher du combustible pour raviver les flammes de la lampe à huile. Le pauvre homme ouvre discrètement les yeux pour voir ce qui se passe. Du coin de l'œil, il aperçoit la femme qui s'active. Il comprend qu'elle prépare le repas et que le repas… c'est lui ! Les deux grands enfants du géant, qui jouent à côté de l'homme, le surprennent et s'écrient d'une même voix :

« Père, notre diner est tellement frais que ses yeux viennent s'ouvrir ! »

Vite, l'homme ferme les yeux et se fige. Le géant le regarde et répond :

« Mais non, il est mort et bien mort. »

L'homme est vraiment effrayé et se demande comment il va pouvoir s'en sortir. Il ouvre de nouveau les yeux, le plus discrètement possible et, sans bouger la tête, cherche un moyen de s'échapper. Il aperçoit, sur le côté, la grande hache du géant. « Elle est tout près, se dit-il. Si seulement je pouvais l'atteindre. »
Tout doucement, il avance la main en tâtonnant. Les deux enfants le voient et s'écrient une nouvelle fois : « Père, notre dîner est tellement frais que sa main frémit encore ! »
Vite, l'homme remet sa main en place et se fige. Le géant, déjà couché sur la plate-forme, jette un coup d'œil et répond : « Mais non, il est mort et bien mort. Qu'on ne me dérange plus maintenant. Allez jouer dehors ! La marche a été longue et difficile et je dois me reposer ! » Le géant, enfin seul et tranquille, s'endort. L'homme patiente, terrorisé, jusqu'au moment où il entend enfin ses ronflements. Il se saisit alors de la hache et tue le géant endormi. Il passe la tête par l'entrée et, regardant à droite et à gauche, aperçoit la femme qui s'affaire au loin.

Ni une ni deux, le voilà qui se met à courir le plus vite possible.
Les enfants du géant voient la scène et interpellent leur mère en criant : « Mère, notre dîner est si frais que ses jambes continuent à courir ! »
La géante se retourne et voit le repas s'enfuir. Elle arrête aussitôt sa tâche et part à sa poursuite en hurlant. Grâce à ses grandes jambes, elle gagne rapidement du terrain. L'homme la sent sur ses talons, mais ne peut accélérer.

« Que faire ? se demande-t-il, affolé. Je ne peux pas aller plus vite et seul, même avec cette hache, je ne ferai pas le poids face à une géante en furie. Si je donne de grands coups de hache à cet endroit, le sol se fendra peut-être et engloutira la géante. »
Le voilà qui frappe le sol de toutes ses forces avec sa hache. La terre se fissure alors et une rivière en jaillit. L'homme saute sur la rive opposée et attend. La grande femme arrive bientôt. Mais la rivière est devenue si large et le courant est si fort que la géante doit s'arrêter.
« Comment l'as-tu traversée ?
– En la buvant tout entière. »
Alors la femme commence à boire, à boire jusqu'à ce que la rivière ne soit plus qu'un mince cours d'eau. L'homme lui dit : « Il en reste, finis-la ! »
Alors la femme se remet à boire, à boire, et plus elle boit, plus elle gonfle. Alors qu'elle est déjà énorme, il lui dit encore : « Il en reste, finis-la ! »
Au moment où elle finit la rivière, elle est tellement énorme et sa peau tellement tendue par l'eau absorbée qu'elle explose, projetant dans l'air des milliers de fines gouttelettes d'eau. C'est ainsi que le brouillard a été créé. L'homme reste sur place longtemps, car il y a tellement de brouillard qu'il ne sait plus dans quelle direction aller. Enfin, le vent se lève et dissipe peu à peu la brume. L'homme peut rentrer chez lui.
Voilà ce que l'on raconte à propos du géant et de l'homme.

Les mouettes du lac Salé

Il y a longtemps de cela, les caravanes de pionniers, formées de chariots couverts tirés par des chevaux, quittaient les côtes de l'Atlantique pour atteindre les grandes plaines d'Amérique du Nord. Après un voyage épuisant, les hommes atteignaient les montagnes Rocheuses. Puis, non sans avoir parcouru encore un long chemin, ils finissaient par arriver dans une grande vallée entourée de hautes montagnes. C'était une plaine de sable blanc, dans un pays où la pluie ne tombait presque jamais.

Cependant, les neiges éternelles, sur le sommet des montagnes, alimentaient de nombreux petits ruisseaux qui descendaient le long des pentes et venaient se jeter dans un beau lac bleu, au milieu de la plaine de sable, une petite mer intérieure, salée comme la grande mer.

C'est là que certains pionniers s'arrêtèrent, au lac Salé. Ils bâtirent des cabanes pour passer l'hiver. Ils avaient mis tant de mois pour faire ce terrible voyage que beaucoup d'entre eux étaient morts en cours de route, à cause du froid, de la fatigue, de la maladie et, une fois sur place, beaucoup d'autres moururent encore épuisés et leur vie dépendait de la récolte qui allait mûrir.

À force de courage et de travail, ils avaient rendu le pays fertile en construisant des canaux pour l'eau des ruisseaux, et ils avaient pu ainsi semer du maïs, du blé et des légumes verts. Ce qui constituait leur subsistance ainsi que celle de leur bétail. À présent, ils attendaient…

Le printemps vint et le blé poussa, le maïs poussa aussi, ainsi que tous les légumes. La terre brune de la plaine était couverte de petites tiges vertes et tendres qui grossissaient à vue d'œil. La joie était dans tous les cœurs ; les pionniers étaient récompensés de tous leurs sacrifices. Une vie nouvelle et prospère s'ouvrait à eux quand, soudain, une chose terrible arriva…
Un matin, les hommes qui veillaient à l'irrigation virent un grand nuage noir passer sur la colline et s'avancer vers la plaine. D'abord, ils eurent peur que la grêle ne détruise leurs récoltes, mais ils entendirent bien vite un bruit dans l'air, comme un roulement, et quand le nuage fut plus près, ils virent qu'il était formé d'un nombre incroyable de sauterelles ! Elles s'abattirent sur les champs, dévorant aussitôt les plantes. Les hommes tentèrent de les tuer, mais plus ils en éliminaient, plus il en venait ! Ils allumèrent des feux, creusèrent des fossés. Rien n'y faisait.
De nouveaux bataillons de sauterelles arrivaient pour remplacer celles qui étaient détruites ! Épuisés, malheureux, les gens tombèrent à genoux, pleurant et criant, qui priant pour la délivrance.

Tout à coup, dans le lointain, dans le ciel, au-dessus du lac bleu, on entendit un bruissement d'ailes et de petits cris sauvages. Le bruit enfla, et les gens levèrent la tête. S'agissait-il encore de sauterelles ? Non. C'était une horde de mouettes. Rapides, battant l'air de leurs ailes blanches, les mouettes arrivaient par centaines, par milliers. « Des mouettes, des mouettes ! criait-on de tous côtés. Qu'est-ce que cela veut dire ? » Les mouettes planaient au-dessus des têtes, poussant de petits cris aigus, puis, tout à coup, elles plongèrent vers la foule, comme un immense nuage blanc. « Malheur, malheur ! crièrent les pauvres gens. Nous sommes perdus ! Tout ce que les sauterelles ont laissé, les mouettes vont le manger ! » Mais soudain, quelqu'un s'écria : « Regardez ! Les mouettes mangent les sauterelles ! »
Et c'était bien vrai. Les mouettes dévoraient les sauterelles par milliers. Elles en avalaient jusqu'à n'en plus pouvoir, puis s'envolaient vers le lac, tandis que d'autres arrivaient avec une nouvelle ardeur. Et quand, à la fin, elles reprirent le chemin de leurs nids, il ne restait plus une sauterelle dans les champs, et le peuple fut sauvé.

Depuis ce jour, dans la colonie du lac Salé, on apprend aux enfants à respecter les mouettes. Et lorsque les écoliers commencent à dessiner et à écrire, bien souvent, leur tout premier dessin est celui d'une mouette.

Celui qui n'en faisait qu'à sa tête

Rêve-d'un-Songe eut un jour l'envie de voyager. Et à ceux qui lui en demandèrent la raison, il répondit : « Je veux découvrir des choses qu'il ne m'est pas donné de voir chaque jour ». Rêve-d'un-Songe quitta donc les siens et partit.

Il marchait depuis plus d'une lune, lorsqu'il vit un vieil homme qui pêchait au bord d'un fleuve.

« Hé ! lui cria le vieux. Tu es Rêve-d'un-Songe, je te reconnais. J'ai bien connu ton père. Que puis-je faire pour toi ?

– Me dire où mène ce chemin.

– À ta place, je n'irais pas plus loin. Mais si tu veux continuer, je te conseille de prendre garde. Dans cette forêt, tu verras un nouveau-né suspendu à une branche. Surtout, ne fais pas attention à lui car, en réalité, ce n'est pas un enfant, mais l'odieux Serpent-qui-n'est-Jamais-Rassasié. » Avant de le laisser partir, le vieux lui donna un couteau. « Prends ça, tu pourrais en avoir besoin. » Rêve-d'un-Songe poursuivit sa route. Bientôt, il entendit des gémissements. Un bébé était suspendu à un arbre. Il passa devant sans s'arrêter mais, après quelques pas, il s'apitoya :

« Qu'as-tu donc à pleurer ainsi ?

– Cela fait plus de dix neiges que je n'ai pas tété ma mère. »

Rêve-d'un-Songe lui donna son doigt à sucer.

« Tiens, prends toujours cela, je n'ai rien d'autre à t'offrir. »

Le nouveau-né s'arrêta de pleurer et entreprit de sucer le doigt. Puis il aspira la main. Et bientôt tout le bras disparut dans sa bouche. Effrayé, Rêve d'un-Songe se souvint du couteau que lui avait donné le pêcheur. Il le planta dans le corps de l'enfant et celui-ci lâcha prise aussitôt.

Mais quand Rêve-d'un-Songe regarda son bras, il vit que le Serpent-qui-n'est-Jamais-Rassasié avait avalé toute sa chair.
« Heureusement, se dit-il, que je ne lui ai offert qu'un seul de mes bras. »
Et il se remit en chemin.
Plus loin, le jeune homme rencontra une vieille en train de s'épouiller devant sa hutte.
« Hé ! N'est-ce pas Rêve-d'un-Songe que je vois là ? J'ai bien connu ton père. Que puis-je faire pour toi ?
– Dis-moi, vieille, où conduit ce chemin ?
– Il traverse la Vallée-des-Squelettes. Si tu t'y aventures, ne t'y arrête pas. Un oiseau y chante constamment, mais ne l'écoute pas car il s'agit de l'Oiseau-qui-Jamais-ne-Dort, un des plus mauvais génies de la contrée. Tiens, voici un tomahawk, au cas où tu en aurais besoin. »

Rêve-d'un-Songe prit l'arme et continua sa route. Après une courbe, le chemin devint si encombré de squelettes que le jeune homme eut du mal à avancer. C'est alors qu'il entendit un chant étrange. Il se dit : « Siffle tant que tu le voudras, je sais qui tu es. » Puis il s'arrêta pour contempler un crâne. À ce moment, il se sentit soulevé de terre et il monta vers les nuages. Au sommet d'une montagne, un oiseau le déposa dans son nid. « J'ai vu que tu étais fatigué, lui dit le volatile. J'ai été te chercher afin que tu te reposes ici. »
Douillettement installé sur un lit de plumes, Rêve-d'un-Songe s'endormit. L'oiseau saisit sa jambe et en aspira la moelle. Rêve-d'un-Songe se réveilla en sursaut, et asséna un coup de tomahawk sur la tête de l'oiseau.

Et le garçon continua son voyage… jusqu'au moment où il vit un vieil homme qui mettait son canoë à l'eau.
« Hé ! N'es-tu pas Rêve-d'un-Songe ? Ton père était mon ami et c'était un homme de bon sens. Que puis-je faire pour son fils ?
– Je voudrais savoir où mène cette rivière.
– Elle conduit au grand lac. Mais en réalité ce n'est pas un lac, il s'agit du Monstre-qui-Jamais-ne-Bouge. Il digère ceux qui entrent dans son vaste estomac.
– Je veux y aller voir.
– Alors, prends ce canoë. Cependant, fais très attention, dès que tu sentiras une odeur nauséabonde, tu devras revenir très vite. Sinon, tu pourrais le regretter, car le monstre te dévorerait. »
Rêve-d'un-Songe embarqua dans le canoë et descendit la rivière. Il arriva devant une large étendue d'eau et une odeur fétide le prit à la gorge.
« Faut-il que je revienne maintenant ? » se demanda-t-il.
Mais bien installé au fond de son canoë, il décida de continuer.
Rêve-d'un-Songe ne se rendait pas compte qu'il était déjà avalé par le monstre. L'obscurité se fit autour de lui et elle devint de plus en plus épaisse à mesure qu'il progressait. Le jeune homme fut alors pris de peur. Il pagaya de plus en plus vite. Enfin, il vit devant lui une faible lueur qui grandit à mesure qu'il avançait.
Puis ce fut une vive clarté. Rêve-d'un-Songe venait de sortir du monstre.

Fou de joie, il agita le bras et son embarcation chavira. Il nagea jusqu'à la rive et poussa un soupir de soulagement.
Mais pendant cet affreux voyage, le monstre avait avalé toute sa chair. Le jeune homme revit alors le vieil homme qui lui avait donné son canoë.
« Aide-moi. Porte-moi sur ton dos, je suis exténué. »
L'homme répondit :
« Ah tiens, voilà qui est bizarre, un squelette me parle !
– Je ne suis pas un squelette, je suis Rêve-d'un-Songe. »
Le vieillard fut secoué par un grand rire.
« Ainsi, tu es ce jeune fou dont je connaissais le père. Tu n'as nul besoin d'aide puisque tu n'en fais toujours qu'à ta tête. »
Et l'homme entreprit de couper un arbre sans plus s'occuper du jeune homme.
Alors, Rêve-d'un-Songe retourna à pied dans son village. Ses amis rirent bien en le voyant. Une grue leur avait raconté toute l'histoire. Non seulement Rêve-d'un-Songe avait perdu son couteau, son tomahawk et son canoë dans l'aventure, mais le dernier mauvais génie l'avait sucé jusqu'à l'os.
Et c'est ainsi qu'il vécut, à l'état de squelette, au milieu des siens.

Les visages sur le mur

Deux sœurs vivaient ensemble ; l'aînée était très belle et la cadette très laide. La belle était courtisée par tous les jeunes hommes des environs, et celle qui était laide n'attirait même pas le regard des vieillards.
Et pourtant, la vilaine avait un cœur en or, et la belle était méchante et prétentieuse. Ainsi va le monde ! Un soir, la jeune fille laide se dit : « Ici, rien de bon ne m'attend. Je construirai une maison à la montagne et j'y vivrai seule. Plus personne ne verra mon visage ni ne se moquera de moi. »

Au petit matin, elle quitta le village et se dirigea vers la montagne. La jeune fille marcha toute la journée, et ses jambes étaient fatiguées lorsqu'elle aperçut enfin un filet de fumée s'élever au-dessus de la vallée. Elle s'approcha et vit, assise devant une jolie petite maison, une vieille femme aveugle. Elle avait des nattes grises, mais ses lèvres étaient d'un rouge éclatant et ses dents brillaient comme des diamants. Plus étonnant encore, elle avait deux visages, l'un devant et l'autre derrière. « C'est sûrement une sorcière », pensa la jeune fille. Néanmoins, elle la salua très poliment et s'enquit de sa santé.

« Je me porte bien, merci, répondit la sorcière. Seuls mes yeux ne voient plus comme avant. C'est pourquoi je cherche une servante. Ne voudrais-tu pas travailler pour moi ? Tu auras un bon salaire et à manger autant que tu voudras.
– Pourquoi pas, répondit la jeune fille en se disant : « Je serai bien ici et les yeux aveugles ne verront pas ma laideur. »

La jeune fille laide travailla donc chez la sorcière et s'en trouva bien. Tous les jours, elle ajoutait une pièce d'or dans un petit coffret et elle mangeait à satiété.

La sorcière lui avait même donné une jolie robe. La jeune fille la méritait bien, car elle servait sa maîtresse loyalement, ne profitant pas du fait que la vieille femme était aveugle. Elle balayait la poussière et raccommodait le linge avec de tout petits points. Le temps passa et une année s'écoula.

« Ton service chez moi se termine, dit un jour la sorcière à la jeune fille. Tu peux à présent rentrer chez toi.

– Oh non ! s'écria-t-elle. Je veux rester ici. Toi, tu ne vois pas la laideur de mon visage, tu ne connais que le son de ma voix et le travail de mes mains. Mais les autres se moquent de moi. Je ne veux plus jamais les revoir !

– Tu as un visage ingrat, mais un cœur en or, répondit la sorcière. Mes yeux paraissent aveugles, mais ils voient beaucoup mieux que ceux des autres. N'as-tu pas remarqué que j'en ai quatre ? Quand deux dorment, les deux autres restent éveillés. Je connais ton visage depuis le jour où tu es arrivée et, en vérité, il m'importe peu qu'il soit beau ou laid. Mais cela semble vital pour toi et c'est pourquoi j'ai décidé de t'aider. À présent, entre dans la maison et touche le miroir qui est contre le mur. »

La jeune fille fit comme la vieille femme lui avait dit. La tête baissée – pour éviter de voir son visage – elle tendit la main vers le miroir. Soudain, celui-ci s'ouvrit comme une porte, et derrière lui une autre pièce apparut. Sur les murs, il y avait des centaines de visages !

« Vas-y, choisis celui qui te plaît ! » commanda la sorcière. La jeune fille, émerveillée, regarda attentivement tous ces innombrables visages, et finit par en choisir un, gentil et souriant, avec de grands yeux. Dès qu'elle l'eut désigné, la sorcière prit le visage de la jeune fille dans ses mains et le suspendit au mur. Puis elle posa sur sa tête le nouveau visage. Comme elle était belle à présent ! « Rentre chez toi et vis en paix ! » lui dit la sorcière. Puis elle tendit à la jeune fille son coffret en clamant : « Double est ma face, que double soit ton contenu ! » Aussitôt dit, aussitôt fait, le coffret fut immédiatement rempli de pièces d'or. La jeune fille remercia la sorcière et lui fit ses adieux. Puis elle rentra chez elle en courant. Elle était heureuse, belle et riche, que demander de plus !

Sa sœur aînée n'arriva pas à en croire ses yeux ; elle ne reconnut sa cadette qu'au son de sa voix. Mais ce changement ne lui plut guère, car la laide était maintenant plus belle qu'elle. « Moi aussi, j'irai dans la montagne », se dit-elle quand elle eut appris comment sa sœur avait réussi. Si la sorcière avait su rendre si beau le visage si laid de sa sœur, le sien, déjà si gracieux, deviendrait le plus beau du monde. Puis, sans tarder, la sœur aînée prit la route. Elle marcha toute la journée et commençait à être fatiguée lorsqu'elle vit un filet de fumée s'élever au-dessus de la vallée. Elle se dirigea vers lui, et arriva près d'une jolie maisonnette devant laquelle était assise une vieille femme aveugle. Elle avait des nattes grises, mais ses lèvres étaient d'un rouge éclatant et ses dents brillaient comme des diamants. Plus étonnant était encore son visage, elle en avait deux, un devant et un derrière.

« C'est la sorcière ! » pensa la jeune fille. Elle fit une grimace désobligeante – puisque la vieille femme ne voyait

rien – puis, d'une voix mielleuse, elle s'enquit de sa santé. Et la sorcière la prit à son service, tout comme sa sœur.

La belle jeune fille fit semblant de travailler. Tantôt elle faisait un peu de bruit en remuant quelques objets, tantôt elle donnait de petits coups de balai, mais elle passait le plus clair de son temps devant la glace à s'admirer.
La poussière s'accumula bientôt dans tous les coins de la maisonnette et le linge fut raccommodé très grossièrement. Néanmoins, tous les jours, la jeune fille mangeait à volonté et elle recevait également une pièce d'or, qu'elle rangeait dans son coffret. Ainsi, une année passa.

« Ton service chez moi touche à sa fin, dit un jour la sorcière. À présent, tu peux rentrer chez toi.
– Oh non ! objecta la jeune fille. Je ne veux rentrer qu'avec un nouveau visage !
– C'est ce que tu veux ? Entre donc dans la maison et touche le miroir », répondit la sorcière.
La jeune fille se dépêcha de rentrer, tendit la main, et le miroir s'ouvrit comme une porte. Derrière lui, il y avait une autre pièce où d'innombrables visages étaient accrochés sur les murs.
« Ferme les yeux et ne les ouvre pas avant que je ne te le dise », ordonna la sorcière. Puis, elle prit la tête de la jeune fille dans ses mains, ôta son joli visage et le suspendit au mur. Elle posa ensuite sur la tête de la jeune fille le visage de sa sœur cadette.

Puis elle lui tendit son petit coffret, après y avoir jeté de la poussière ramassée dans un coin de la pièce et avoir dit :
« Double est ma face, que double soit ton contenu ! »

Elle conduisit ensuite la jeune fille devant la maison et lui dit : « Tu peux ouvrir les yeux à présent et rentrer chez toi. » La jeune fille ne dit ni au revoir ni merci et descendit la colline en courant, pressée qu'elle était de rentrer au village.

Vous pouvez aisément imaginer ce qu'elle ressentit quand elle se vit dans un miroir et qu'elle entendit les quolibets des voisins. Lorsqu'elle ouvrit le coffret, un nuage de poussière s'en échappa et se posa dans ses cheveux. Elle ne réussit plus jamais à les démêler…

Elle fut si honteuse que, très vite, elle quitta le village. Personne ne sut où ses jambes l'avaient guidée, plus jamais dans la région on n'entendit parler d'elle. Sa sœur cadette épousa un homme beau et aimable, et ils vécurent heureux et en paix. Certes, le beau visage de la jeune femme allait vieillir un jour, mais « un cœur bon le reste toute une vie ».

Les papillons

Quand la terre était jeune, aucun papillon ne volait dans les airs et n'illuminait les jours de printemps et d'été de leurs ailes aux couleurs de l'arc-en-ciel. Il y avait des reptiles, les ancêtres des papillons, mais ils ne savaient pas voler ; ils ne savaient que ramper par terre. Ces reptiles étaient magnifiques mais, le plus souvent, les humains, lorsqu'ils se déplaçaient, ne baissaient pas les yeux vers la terre. Aussi ne voyaient-ils pas leur beauté.

En ce temps-là, vivait une jeune femme qui s'appelait Fleur-de-Printemps. Elle était une joie pour tous ceux qui la connaissaient. Elle avait toujours le sourire et un mot gentil à la bouche. Ses mains étaient semblables au printemps le plus frais pour ceux qui étaient atteints de fièvre ou de brûlures. Car, en effet, il suffisait qu'elle posa ses mains sur eux pour qu'aussitôt le mal qui les habitait les quitta. Quand elle atteignit l'âge adulte, son pouvoir grandit et, grâce à une vision, elle devint capable de guérir les gens de la plupart des maladies qui existaient alors. Dans cette vision, d'étranges et belles créatures volantes aux couleurs de l'arc-en-ciel étaient venues à elle et lui avaient transmis le pouvoir de guérison de l'arc-en-ciel. Elles lui indiquèrent quel don particulier possédait chacune de ses couleurs. Elles lui révélèrent également que, pendant sa vie, elle serait capable de guérir et qu'au moment de sa mort, elle libérerait dans les airs ses pouvoirs, afin qu'ils demeurent à jamais parmi les hommes. Dans sa vision, il lui fut donné un nom : « Celle-qui-tisse-dans-l'Air-des-Arcs-en-ciel ».

Tandis qu'elle avançait en âge, Celle-qui-tisse-dans-l'Air-des-Arcs-en-ciel continuait son travail de guérisseuse et dispensait sa gentillesse à tous ceux qu'elle croisait. Elle rencontra aussi un homme, un voyant, et le prit pour mari. Ils eurent ensemble deux enfants et les élevèrent pour qu'ils soient forts, sains et heureux. Les deux enfants héritèrent de certains pouvoirs de leurs parents, et devinrent plus tard des guérisseurs et des voyants. Tandis qu'elle vieillissait, le pouvoir de Celle-qui-tisse-dans-l'Air-des-Arcs-en-ciel grandit encore et tous ceux qui vivaient dans les environs vinrent à elle avec leurs malades, lui demandant d'essayer de les guérir.

Elle y parvenait parfois. Mais l'effort de laisser passer en elle tout le pouvoir finit par l'épuiser, et un jour elle sut que le moment de remplir la seconde partie de sa vision approchait. Tout au long de sa vie, elle avait remarqué que des reptiles magnifiquement colorés venaient toujours près d'elle quand elle s'asseyait par terre. Ils venaient contre sa main et essayaient de s'y frotter. Parfois l'un deux rampait le long de son bras et se mettait près de son oreille. C'est ce que fit, un jour où elle se reposait, un de ces reptiles. Elle lui parla, lui demanda si elle pouvait faire quelque chose pour lui, car elle avait remarqué que, avec ses frères et ses sœurs, il lui avait toujours rendu service.

« Ma sœur, dit Celui-qui-rampait, mon peuple a toujours été là pendant que tu guérissais, t'assistant grâce aux couleurs de l'arc-en-ciel que nous portons sur le corps. À présent que tu vas passer dans le monde des esprits, nous ne savons comment continuer à faire profiter les hommes du pouvoir de guérison de ces couleurs. Nous sommes liés à la terre, et les gens regardent trop rarement par terre pour pouvoir nous voir. Il nous semble que si nous pouvions voler, les hommes nous remarqueraient et souriraient devant les belles couleurs qu'ils verraient.

Nous pourrions voler autour de ceux qui auraient besoin d'être guéris et laisserions les pouvoirs de nos couleurs agir. Peux-tu nous aider à voler ? » Celle-qui-tisse-dans-l'Air-des-Arcs-en-ciel promit d'essayer. Elle rapporta cette conversation à son mari et lui demanda s'il pouvait recevoir des messages dans ses rêves.

Le matin suivant il se réveilla, excité par le songe qu'il avait fait. Quand il toucha doucement Celle-qui-tisse-dans-l'Air-des-Arcs-en-ciel pour le lui raconter, elle ne répondit pas. Il s'assit pour la regarder de plus près et il vit que, pendant la nuit, sa femme était passée dans le monde des esprits. Alors qu'il priait pour son âme et préparait son enterrement, le rêve qu'il avait eu lui revint en mémoire, et cela le réconforta. Quand le moment fut venu d'accompagner Celle-qui-tisse-dans-l'Air-des-Arcs-en-ciel jusqu'à sa tombe, il regarda sa couche et ne s'étonna pas d'y trouver, l'attendant, le reptile. Il le ramassa avec précaution et l'emporta. Tandis que l'on mettait le corps de sa femme en terre et que l'on s'apprêtait à le recouvrir, il entendit le reptile dire : « Mets-moi sur son épaule à présent. Quand la terre sera sur nous, mon corps aussi mourra, mais mon esprit se mêlera à l'esprit de celle qui fut ta femme, et ensemble nous sortirons de terre en volant. Alors nous retournerons vers ceux de mon peuple et leur apprendrons à voler de façon à ce que se poursuive le travail de ton épouse. Elle m'attend. Pose-moi à présent. »

L'homme fit ce que le reptile lui avait dit, et l'enterrement se poursuivit. Quand tous les autres furent partis, l'homme resta en arrière quelques instants. Il regarda la tombe, se souvenant de l'amour qu'il avait vécu. Soudain, de la tombe s'envola une créature qui avait sur ses ailes toutes les couleurs de l'arc-en-ciel. Elle vola vers lui et se posa sur son épaule. « Ne sois pas triste, mon époux. À présent ma vision s'est totalement réalisée, et ceux que j'aiderai désormais à enseigner apporteront toujours aux autres la bonté de cœur, la guérison et le bonheur. Quand ton heure viendra de te transformer en esprit, je t'attendrai et te rejoindrai. »

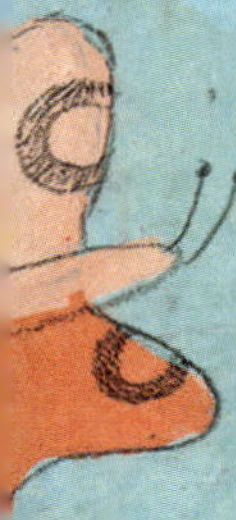

Quand l'homme changea de monde, quelques années plus tard et fut enterré, ses enfants s'isolèrent après la cérémonie. Ils remarquèrent une de ces nouvelles créatures magnifiques, qu'ils appelaient « papillons », voletant près de la tombe.
En quelques minutes un autre papillon d'égale beauté s'env la de la tombe de leur père, rejoignit celui qui attendait et, ensemble, ils volèrent vers le nord, le lieu du renouveau.

Depuis ce temps-là, les papillons sont toujours avec les hommes, éclairant l'air et leur vie de leur beauté.

Bâton, tape !

Il était une fois une famille pauvre qui comptait trois fils : Pierre, Jacques et Jean. Un jour, Pierre, l'aîné, dit : « Je vais aller chercher du travail ; je reviendrai quand je serai riche. »

Il partit sur la grand-route et marcha, marcha. Un soir, n'ayant plus qu'un croûton de pain à se mettre sous la dent, il rencontra une vieille qui lui demanda : « Voulez-vous m'indiquer le chemin pour aller à Châteauguay ? » Pierre la renseigna, puis elle dit : « Avez-vous quelque chose à donner à une vieille pauvresse ? » Pierre lui donna son croûton de pain. La vieille l'accepta et lui dit :
« Je suis une fée. Pour te remercier de ta gentillesse, voici une nappe blanche. Tu n'auras qu'à dire : « Nappe, mets la table ! », et aussitôt des mets de toutes sortes s'y déposeront tout seuls.
– Oh, merci, merci ! » fit Pierre, s'empressant de reprendre la route en direction de chez ses parents. Il marcha, marcha d'un bon pas, mais la nuit arriva. Il était fatigué, alors il s'arrêta dans une auberge. Avant de dormir, comme il avait faim, il sortit sa nappe et commanda : « Nappe, mets la table ! »

Aussitôt la nappe se déplia sous ses yeux et se couvrit de mets succulents et de fruits appétissants. Mais l'aubergiste avait vu le manège et, dans la nuit, il vola la nappe qu'il remplaça par une autre identique.

Le lendemain matin, Pierre quitta l'auberge et fila vers sa maison.
« Voyez, s'empressa-t-il de dire à ses parents, je rapporte une nappe merveilleuse qui se couvre de mets et de fruits délicieux. Vous allez voir ! »

Il sortit la nappe blanche de son sac et lança : « Nappe, mets la table ! » Mais la nappe resta pliée et rien n'apparut. Alors Pierre la saisit, la déplia, l'examina et constata que ce n'était pas la sienne. « Ce doit être l'aubergiste qui me l'a volée ! » s'écria-t-il, tout penaud. Alors, l'un de ses frères, Jacques, annonça tout à coup : « Moi aussi, je pars chercher du travail. Et je retrouverai bien la nappe de Pierre. »

À son tour, il marcha, marcha. Il arriva un bon matin au bord d'une rivière sans beaucoup d'eau où était assise une vieille femme toute courbée par l'âge. Le voyant s'approcher, elle l'interpella : « Voulez-vous m'aider à traverser la rivière ? » Jacques y consentit sans hésiter. Arrivée sur l'autre rive, la vieille lui dit : « Je suis une fée. Pour te récompenser de m'avoir secourue, je te donne cette poule. » Et elle sortit une poule de sous son manteau, ajoutant : « Dis : « Poule, ponds-moi de l'or ! » et elle pondra de l'or. »

Enchanté, Jacques remercia la vieille et s'empressa de rentrer chez ses parents. Il marcha longtemps et finit par s'arrêter pour dormir à l'auberge où son frère, Pierre, avait fait halte. Il monta à sa chambre et dit à sa poule : « Poule, ponds-moi de l'or ! » Et la poule pondit trois œufs d'or. Pour payer sa dépense, il en donna un à l'aubergiste qui eut des doutes sur sa provenance. Durant la nuit, ce dernier alla dans la chambre où dormait son client, vit la poule et la vola. Il la remplaça par une autre en tout point semblable.

Le lendemain, Jacques arriva à la maison tout joyeux en disant : « Voyez ma jolie poule ; elle pond de l'or ! Regardez bien ! »

Il posa sa poule sur la table et dit : « Poule, ponds-moi de l'or ! » Tout ce que fit la poule, ce fit de branler la tête et de chanter : « Caque-caque-caque-canette. » Jacques était bien peiné.
Il s'écria : « Ah, c'est le vilain aubergiste qui m'a volé ma poule ! » Alors, Jean, le plus jeune des trois frères, dit : « C'est à mon tour de tenter ma chance. Je pars chercher fortune. »

Comme ses frères avant lui, il marcha, marcha sur le chemin. Puis, à la tombée du jour, voilà il arriva à l'orée d'un grand bois où se tenait une vieille femme, qui lui dit : « Mon cher petit, voulez-vous m'aider à traverser ce bois ? Il fait bien noir, et j'ai peur des voleurs.
– Volontiers », dit Jean.

Il prit alors la main de la vieille et la conduisit de l'autre côté du bois. Arrivée là, la vieille se redressa et déclara : « Je suis une fée. Pour te récompenser de ta gentillesse, je te fais cadeau de ce bâton. Tu n'auras qu'à dire : « Bâton, tape ! », et aussitôt il se mettra à taper sur qui tu voudras. »

Jean était enchanté. Il remercia la fée et se dirigea bien vite vers la maison où l'attendaient ses frères et ses parents. Mais la nuit tomba, et Jean était fatigué. Il s'arrêta dormir à l'auberge, la même où ses frères avaient fait halte.

Après une bonne nuit de repos, il demanda à l'aubergiste : « C'est vous qui avez volé la nappe de mon frère, la nappe qui met la table ?
– Jamais de la vie ! répliqua l'aubergiste. Je n'ai rien volé du tout !
– Vous allez me la rendre ou je vous fais cogner par mon bâton, dit Jean.
– Je n'ai rien à vous rendre, protesta le bonhomme.
– Soit ! fit Jean. Alors, bâton, tape ! »

Aussitôt le bâton s'abattit sur les épaules de l'aubergiste. Bang ! Bing ! Pan, pan ! L'aubergiste se sauva en se lamentant et en criant : « Arrêtez ! Arrêtez votre bâton ! »
– Pas tant que vous ne m'aurez pas rendu la nappe de mon frère », répondit Jean.
Le corps meurtri, l'aubergiste sortit enfin la nappe blanche du buffet et la donna à Jean qui arrêta son bâton.

Puis, le jeune homme s'en alla sur le chemin. Mais, le soir même, le voici de retour demandant asile pour la nuit.

Et le lendemain matin, il dit à l'aubergiste : « Maintenant, rendez-moi la poule que vous avez volée à mon frère.
– Je n'ai pas volé de poule ! protesta l'aubergiste.
– Si vous ne me la rendez pas, je vous fais cogner par mon bâton.
– Non, non ! Je n'ai pas ta poule ! »
hurla l'aubergiste en se sauvant, car il avait très peur des coups de bâton. Jean lança : « Bâton, tape ! »

Le bâton courut après le bonhomme, lui sauta sur le dos et lui tapa sur les épaules. Le bâton tapa. Bing ! Bang ! Pan, pan ! Le vilain aubergiste cria et se roula par terre, mais le bâton continuait de taper. Bing ! Bang ! Pan, pan !
N'en pouvant plus de douleur, l'aubergiste alla chercher la poule et la remit à Jean, qui arrêta son bâton et reprit la route.

En chemin, il rencontra trois voleurs qui lui dirent : « Donne ta poule et tous tes biens, sinon nous te pendrons à la plus haute branche de cet arbre.
– Laissez-moi passer, dit Jean, ou je vous fais massacrer par les coups de mon bâton.
– Ha, ha ! dirent les voleurs, riant de ses menaces. Nous allons te pendre !
– Bâton, tape ! » cria alors Jean.

Et le bâton s'abattit comme la grêle sur les épaules des voleurs. Bing ! Bang ! Pan, pan ! Les voleurs épouvantés s'enfuirent, poursuivis par le bâton déchaîné. Bing ! Bang ! Pan, pan ! Jean rappela son bâton et se remit en route. Il arriva chez ses parents et s'exclama joyeusement : « J'ai tout rapporté : la nappe, la poule, et mon bâton qui cogne quand je veux. Voici la nappe. « Nappe, mets la table ! » lança Pierre. Aussitôt la nappe s'étala et se couvrit de mets et de fruits appétissants. Jean sortit la poule de son sac, et Jacques dit : « Poule, ponds-moi de l'or ! » Et la poule pondit trois œufs d'or. Ce fut alors, dans la pauvre demeure, une soirée de réjouissances agrémentée d'un festin de roi.

Pierre, Jacques et Jean avaient vraiment fait fortune. Ils rendirent la vie douce à leurs parents, et tous les cinq vécurent heureux et contents jusqu'à la fin de leurs jours.

Le génie de la forêt

Il était une fois un pauvre fermier et sa femme qui travaillaient très dur sur leur lopin de terre. Le sol était tellement sec que leurs outils se cassaient souvent, et qu'à chaque coup, un nuage de poussière s'élevait de la terre. Ils gagnaient donc juste de quoi subvenir à leurs besoins. Rien de superflu chez José et Anina ; malgré tout, c'était des gens très gentils et heureux de vivre. Un jour, Anina reçut la visite d'un voisin qui lui dit que, à une journée de marche de chez eux, un riche fermier ne pouvait trouver suffisamment de travailleurs pour l'aider à la récolte. Elle proposa alors à son mari : « Pourquoi n'irions-nous pas aider ce fermier ? Ici, nous mourons presque de faim. Chez lui, nous pourrions gagner assez d'argent pour vivre décemment. »

Son mari la regarda, préoccupé, et lui dit sur le ton de la confidence : « Je ne dis pas non, mais ne sais-tu pas que cette région est habitée par le grand génie de la forêt ? C'est un ogre immense, poilu, à la barbe rouge sang et aux yeux de jais qui lancent des éclairs. Il dévore tous les hommes qu'il rencontre et oblige les femmes à travailler pour lui. Le danger n'est écarté que l'après-midi, car c'est à ce moment qu'il dort. Ça ne m'étonne pas que ce fermier ne trouve plus suffisamment de gens pour rentrer la récolte. Tout le monde a peur. Je ne pense pas que ce soit une bonne idée d'aller habiter aussi près d'un tel monstre.
– Moi, je n'ai pas peur ! dit Anina, en riant. Je resterai à l'intérieur et je n'irai faire les courses que l'après-midi. Je t'en prie, allons-y. Je pense que c'est la meilleure chose qui puisse nous arriver ! »

Fatigué d'entendre sa femme lui dire tous les bénéfices qu'ils pourraient tirer de leur nouvelle situation, José finit par accepter. Ils emballèrent leurs maigres affaires et quittèrent leur misérable chaumière, en quête d'une vie meilleure. Après un jour de marche, ils arrivèrent chez le riche fermier. Celui-ci possédait une magnifique ferme située loin de la forêt du génie. En outre, de nombreux hommes faisaient des rondes afin d'empêcher le génie d'entrer. Le fermier proposa immédiatement à José de travailler aux champs, et indiqua au couple une maisonnette à l'orée de la forêt où ils pourraient habiter.

« Vous pourrez vivre ici en toute tranquillité, dit le fermier à Anina. Veille toutefois à rester à l'intérieur. Ne sors que l'après-midi, car c'est le moment où le génie de la forêt se repose. Je vous ferai apporter de la nourriture tous les jours par mes hommes afin que vous ne couriez aucun danger. » Et c'est ce qui se passa. Chaque jour, les hommes de la ferme leur apportaient des vivres. José gagnait bien sa vie en travaillant aux champs et ils étaient très heureux. Ils n'avaient pas aperçu le génie de la forêt, et Anina en venait à douter de son existence.

Mais elle se trompait ! Caché dans la forêt, le génie l'avait déjà observée à plusieurs reprises. Il en était même tombé un peu amoureux. Toutefois, il ne pouvait s'approcher d'elle, car elle restait toujours aux alentours de la maison. Un jour, il y eut tant de travail à la ferme que le fermier oublia complètement d'envoyer ses hommes porter de la farine et des haricots à la maisonnette. Anina se tracassait. Quand vint l'après-midi, elle voulut se rendre à la ferme elle-même pour aller chercher de quoi manger.

« Reste donc ici, lui dit José, inquiet. Imagine que tu rencontres le génie et qu'il t'emmène. Que ferais-je sans toi ? » Mais Anina se moqua de lui. « C'est l'après-midi, répondit Anina. Le génie est en train de dormir. Il n'y a aucun danger. Je rentrerai bien avant la tombée de la nuit. Ne t'inquiète pas. À tout à l'heure. »

Elle prit son grand panier et partit. Elle suivit gaiement le long chemin qui menait à la grande ferme. Le fermier sursauta lorsqu'il la vit arriver. « Ne m'en veux pas, dit-il à Anina. Il y avait tellement de travail ! Je vais te donner le repas tout de suite. Tu ferais peut-être bien de dormir chez nous, car si tu pars maintenant, tu ne seras de retour chez toi que le soir tombé. Pense au génie de la forêt, petite ! » Mais Anina ne voulut pas passer la nuit chez le fermier. Elle avait peur que José s'inquiète. Elle prit rapidement le chemin du retour. Soucieuse, elle regardait parfois le soleil qui descendait à l'horizon. Alors qu'elle était presque arrivée, le génie de la forêt jaillit de derrière un gros arbre et l'attrapa. Anina résista de toutes ses forces, mais ce fut peine perdue. Le génie l'emmena dans sa cabane au fin fond de la forêt. Là, Anina dut lui faire la lessive et la cuisine.
José était déjà rentré de son travail et attendait avec inquiétude le retour de sa femme. La nuit tombée, il partit à sa recherche. À l'orée de la forêt, il découvrit son panier à provisions rempli de vivres. Il eut très peur, car il était désormais sûr qu'Anina avait été enlevée par le génie de la forêt. Tristement, il ramassa le panier et retourna chez eux. Il faisait bien trop noir pour partir à sa recherche.

Sur le chemin du retour, il rencontra un vieux mendiant qui marchait à l'aide d'un bâton et qui lui demanda un peu de nourriture. « Accompagnez-moi, répondit José gentiment, je vous préparerai quelque chose à manger. » Pendant que le vieux mendiant se restaurait, José lui raconta ses mésaventures.
« Si vous m'autorisez à dormir ici, je vous aiderai demain à trouver la cabane du génie » proposa le mendiant. José le regarda d'un air incrédule. « Ne craignez-vous pas qu'il nous dévore ? » lui demanda-t-il, inquiet. Le mendiant secoua la tête en riant. « N'ayez pas peur, répondit-il. Je suis peut-être vieux, mais je ne suis pas encore tout à fait inutile. Patientez un peu. »

Le lendemain matin, les deux hommes partirent de bonne heure. Ils s'enfoncèrent dans la forêt. Après de longues recherches, ils découvrirent enfin la cabane du génie. Ils se dissimulèrent derrière quelques buissons. José vit Anina sortir de la cabane et vider un seau d'eau. Elle était donc bien là. Quant au génie, il restait invisible. « Il est peut-être parti chasser », dit José, et il se dirigea vers la petite habitation pour aller chercher Anina.

Soudain, le génie jaillit de derrière la cabane en poussant un cri assourdissant. Il s'était caché afin de surprendre José. « Ah, je vais me régaler doublement ! s'exclama le génie. Enfin, pas tout à fait : l'un des deux est tout rabougri. »

Il saisit les deux hommes de ses mains poilues. José cria, mais le vieux mendiant n'avait pas peur du tout. « Si tu ne nous lâches pas, je te fais mordre par un serpent» dit-il, fâché. Le génie libéra immédiatement les deux hommes et regarda autour de lui. « Je ne vois aucun serpent. Tu me prends pour un imbécile ! maugréa-t-il. Viens ici, que je te mange le premier. Je garde le savoureux jeune homme pour la fin. »

Il tendit la main vers le vieil homme, mais au même moment, ce dernier jeta son bâton sur le sol. Le bâton se changea immédiatement en un gros serpent sifflant. Le génie eut très peur et n'osa plus bouger, car rien ne le terrifiait plus que les serpents. Il mit ses grandes mains devant ses yeux. À présent, il ressemblait plus à un enfant effrayé qu'à un redoutable génie de la forêt.
« Éloigne ce serpent ! Éloigne cet affreux serpent ! s'écria-t-il avec effroi.
– Je ne le ferai que si tu promets de partir d'ici, répondit le vieux mendiant. Tu dois partir au-delà des montagnes et ne plus jamais revenir. Si tu le promets, je changerai à nouveau le serpent en bâton.
– D'accord, d'accord ! Je partirai ! » répondit le génie de la forêt d'une voix tremblante.
Le vieux mendiant sourit. « N'oublie pas ! le prévint-il. Si tu reviens importuner ces pauvres gens, je t'enverrai dix de ces reptiles. »

Il prit le serpent par la queue, et celui-ci se changea immédiatement en bâton. Le génie fit rapidement son baluchon tout en pleurnichant. De temps en temps, il jetait un coup d'œil effrayé au vieux mendiant, mais celui-ci se contentait de l'observer calmement.

Un peu plus tard, le génie partit en direction des hautes montagnes que le vieil homme lui avait indiquées. Contente et soulagée, Anina tomba dans les bras de son mari. Sans attendre, le mendiant mit le feu à la cabane du génie. « S'il se retourne et voit la fumée, il saura qu'il n'a plus de maison et qu'il ne peut donc plus dormir ici », expliqua-t-il.

Heureux, ils se dirigèrent vers leur demeure. Le vieil homme resta encore quelques jours chez José et Anina. Mais, un beau matin, il partit sans raison aucune, et nul ne le revit jamais. José et Anina coulèrent des jours heureux.

Depuis le départ du génie, de plus en plus de gens venaient travailler dans cette région du pays. On construisit plus de fermes, des magasins et des écoles. Le fermier offrit à José un meilleur emploi : il devait diriger le travail de tous les nouveaux arrivants. Le fermier le payait bien, car depuis qu'il avait suffisamment de personnes pour cultiver la terre, il gagnait assez d'argent pour rétribuer convenablement ses employés.

José et Anina étaient donc très satisfaits, et lorsqu'ils eurent un enfant, l'année suivante, ils furent au comble du bonheur. Ils vécurent longtemps à l'orée de la forêt.

Le grand Corbeau et le Harfang des neiges

Autrefois, les oiseaux étaient blancs, tout blancs.
Un matin, Corbeau et Harfang s'amusaient ensemble sous l'iglou. Comme chaque jour, ils jouaient avec les petits os d'une nageoire de phoque inugait, un jeu que les Inuit aiment beaucoup. Ils disposaient les os sur le sol et les assemblaient, tantôt pour reconstituer la nageoire, tantôt pour représenter un traîneau avec des chiens ou un iglou et toute une famille.
Mais les deux amis se lassèrent et décidèrent de changer de jeu :
« J'ai une idée ! Si on jouait à se peindre le plumage ! » proposa Corbeau à Harfang.
– Oh oui ! Ce serait très drôle ! Mais comment faire ? »
Dans leur iglou, bien sûr, ils n'avaient pas de peinture sous la main. Mais Corbeau et Harfang étaient des oiseaux très malins. Ils mélangèrent la suie de la lampe à huile avec du gras de phoque et obtinrent ainsi une sorte de peinture noire très onctueuse. Ils la versèrent dans un petit récipient en pierre à savon. Leur nouveau jeu pouvait commencer !

C'est Corbeau qui se lança le premier. Il tira une longue plume de son aile gauche, la plongea dans la peinture noire et se mit à l'ouvrage. Il s'appliqua tant et si bien qu'aujourd'hui, Harfang porte encore les magnifiques touches noires que Corbeau lui a peintes sur les ailes !
« Ça y est ! J'ai fini !
Tu peux maintenant te regarder dans la glace ! »
Harfang s'approcha du bloc d'eau douce gelée qui, dans l'iglou, sert de fenêtre et de miroir. Il admira son reflet : ses nouvelles ailes, noires et blanches lui plurent tout de suite.
« Oh, bravo ! C'est magnifique ! »

Et pour remercier Corbeau, Harfang lui offrit une très belle paire de kamiik, les bottes inuit en peau de phoque. Corbeau les enfila, et se mit à sauter de joie en criant :
« Merci, merci Harfang pour ce beau cadeau ! Je ne vais plus les quitter, elles sont vraiment très belles !
– Bien, mais maintenant, c'est à mon tour de te peindre. Calme-toi un peu, que je puisse moi aussi te dessiner un beau plumage. »

Harfang tira à son tour une plume de son aile, la trempa dans le récipient de peinture noire et tenta de peindre les ailes de Corbeau. Mais Corbeau, fou de joie, continuait de sauter, de bouger, de danser avec ses nouvelles bottes.
« Arrête de bouger ! Comment veux-tu que je m'applique ? J'en mets partout ! » se plaignait Harfang.

Mais Corbeau continuait de plus belle. Et plus Corbeau était joyeux, plus il dansait, et plus il dansait, moins Harfang réussissait à peindre de jolis motifs.
Au bout d'un moment, excédé, Harfang prit le récipient plein de peinture noire et le renversa rageusement sur la tête de Corbeau.

Depuis ce jour, les corbeaux sont noirs, tout noirs.

Les moitiés

Le sixième petit matin de la création, Papabondieu, accoudé au balcon du ciel, considérait avec une certaine satisfaction les étoiles, innombrables loupiotes qui s'éteignent au lever du jour. Papabondieu trouvait que tout cela était bon.

Il baissa les yeux et admira les océans, les fleuves, les lacs qui regorgeaient de bêtes à écailles, de dauphins et d'autres mammifères colossaux et microscopiques. Il admira la terre tout égayée de bêtes à cornes, de bêtes à poils gigantesques et minuscules. Il s'émerveilla de voir, dans les airs, quantité de bêtes à plumes de tout poil. Papabondieu trouvait que tout cela était bon.

Il décida alors de créer l'humanité. Il prit de l'argile et fit trois boules, deux petites pour deux têtes et une grosse, pour un ventre. Avec un long boudin, il fit quatre bras et quatre jambes. Il rassembla le tout auquel il donna deux sexes et posa cette créature androgyne sur le sol.

L'humanité fraîchement créée se mit à rouler à grand fracas, s'appuyant tantôt sur les mains tantôt sur les pieds. Papabondieu arrivait à supporter ce vacarme car il avait une grande capacité de concentration, mais la vitesse avec laquelle la créature androgyne se reproduisait le laissait pantois. « Il est à craindre qu'à ce rythme, il n'y aura, d'ici peu, plus de place pour tout ce monde sur terre. » Papabondieu ne fit ni une ni deux, il dégaina sa machette et… raaaa ! coupa son œuvre en deux moitiés.

Pour la première fois, l'humanité divisée en mâles et femelles se retrouva debout sur ses pieds et se mit à courir, courir, courir. Où allait-elle et que cherchait-t-elle ? Chacun cherchait la moitié qu'on lui avait enlevée. Beaucoup la cherchent encore. Il y a tant de monde sur terre que ce n'est pas chose facile de tomber sur la bonne moitié. Quand on se trompe, c'est la déveine, mais quand on la trouve, c'est le bonheur.

Les pattes de vautour

Un père et une mère avaient cinq enfants. Quatre garçons et une fille, la benjamine, qui était la préférée de tous. Un jour, la mère se rendit avec la petite fille dans la montagne pour y chercher une belle chèvre aux poils noirs qui s'était égarée. « Je suis sûre qu'elle est allée dans le pré au bord du ravin. L'herbe y est très tendre, dit la mère à sa fille. Je vais aller la chercher. Attends-moi ici, car je ne voudrais pas que tu tombes dans le ravin. » La petite fille approuva. De toute façon, elle avait déjà mal aux jambes et n'avait aucune envie de monter la pente abrupte. La mère fit un nœud à son mouchoir et dit : « Tiens, voilà une poupée, joue avec elle et attends-moi ! »

La petite fille était tellement absorbée par le jeu qu'elle ne vit pas le temps passer. Soudain, un lourd nuage noir voguant dans le ciel comme un immense bateau s'arrêta au-dessus de sa tête. Capusa, un fantôme au grand pouvoir, en descendit. Ce spectre pouvait revêtir n'importe quelle forme : une pierre, un animal, ou même un être humain. La seule chose qui le trahissait alors étaient les pattes qu'il avait à la place des jambes. Il ne pouvait pas les changer. Elles étaient semblables à celles d'un vautour, avec de la peau pendante et de grandes griffes acérées. « Depuis longtemps, j'ai envie d'une petite fille exactement comme celle-ci, se dit Capusa en voyant la gamine. Elle me tiendra compagnie dans ma maison. » Et, aussitôt, il prit l'aspect de la mère de la fillette. Celle-ci se réjouit de revoir sa maman, car elle commençait à avoir faim. Elle ne se doutait pas que la personne à qui elle tendait la main n'était pas sa mère, car les pattes de vautour de Capusa étaient dissimulées sous sa longue jupe. « Viens avec moi, dit-il, je t'emmènerai dans un endroit où tu n'es encore jamais allée. Nous y vivrons ensemble et nous y serons bien. »
Il fit un signe de la main, et la terre s'ouvrit devant eux. Un grand couloir les mena jusqu'à la maison de Capusa, où ils disparurent.

Ayant retrouvé sa chèvre, la véritable mère chercha en vain sa petite fille. Pas une trace ! Elle courut chercher son mari et ses fils pour qu'ils l'aident à la retrouver. Peine perdue. Persuadés que la petite fille était tombée dans le ravin, ils la pleurèrent comme si elle était morte et firent célébrer une messe. La maison parut soudain bien vide sans les bavardages de la petite fille. Mais le temps passa, les larmes des parents et des frères séchèrent petit à petit et, à la fin de l'année, ils en avaient presque fait le deuil.

Un jour, le père partit dans la montagne avec ses fils pour chasser la perdrix. La chance ne leur avait pas vraiment souri, mais ils purent tout de même accrocher quelques oiseaux à leurs ceintures. Fatigués après une longue marche, ils s'assirent dans un pré pour se reposer. Les garçons s'assoupirent, mais leur père resta éveillé.

Soudain, il vit une pierre bouger, puis basculer. Une route apparut alors et sur celle-ci marchait une petite fille. « Dieu miséricordieux ! C'est ma fille ! » se dit le père. Il était près de l'appeler, lorsqu'il se ravisa, persuadé qu'il devait y avoir quelque magie là-dessous. La petite fille agissait comme si elle ne voyait ni son père ni ses frères. Elle s'assit dans l'herbe et se mit à jouer avec la poupée confectionnée par sa maman, et avec des cailloux. Quelques instants plus tard, une voix venue des profondeurs de la terre se fit entendre : « Rentre à la maison, ma petite fille, le déjeuner est servi ! »

Quand il l'entendit, l'homme fit rapidement un signe de croix, car il avait reconnu la voix de sa femme ! La petite fille prit alors ses jouets et rentra sous terre. La pierre se remit aussitôt en place et tout redevint comme avant. Le père réveilla alors ses fils, leur raconta tout ce qu'il avait vu et leur dit : « Demain, à midi, nous reviendrons ici, et si votre sœur réapparaît, nous l'attraperons et l'emporterons à la maison ! » Ils décidèrent de ne rien dire pour le moment, afin que la mère ne se désespère pas si, par malheur, ils n'arrivaient pas à arracher l'enfant au pouvoir maléfique.

Le lendemain, ils se rendirent à nouveau dans le pré, se cachèrent derrière les pierres et attendirent. Soudain, l'une des pierres bougea, puis bascula, laissant apparaître un chemin. La petite fille s'installa, et se mit à jouer avec sa poupée et ses cailloux. Le père et les frères s'approchèrent d'elle sans faire de bruit et l'attrapèrent par les bras et par les jambes. La petite fille se mit à appeler et à crier comme si on l'écorchait vive, car elle n'avait reconnu ni ses frères ni son père : « Maman, maman ! Viens à mon secours ! » Capusa sortit des entrailles de la terre sous l'aspect de sa vraie mère. La ressemblance était telle que l'homme en resta comme pétrifié. « Que fais-tu là ? » laissa-t-il échapper. Il faillit lâcher sa petite fille, quand le vent, qui se mit à souffler, souleva la jupe de la femme.

Apercevant les pattes de vautour de Capusa, ils comprirent tous alors à qui ils avaient affaire. « Sainte Vierge, protège-nous ! » s'écria le père en faisant un signe de croix. Ses fils firent de même, et le fantôme perdit aussitôt son pouvoir. Il resta près de la pierre, incapable de prononcer un mot.

Le père prit la petite fille dans ses bras, et se mit à courir en dévalant la pente. Mais la petite fille ne cessait pas de pleurer et continuait à répéter : « Maman, maman ! Viens à mon secours ! » Ils pensèrent que, dès qu'elle verrait sa vraie mère, la maison, le jardin, la petite fille retrouverait la mémoire. Mais elle était ensorcelée et ne reconnaissait rien de ce qui avait bercé son enfance.

En vain, sa mère la serrait dans ses bras, lui chantait des berceuses et caressait sa tête. La petite fille ne faisait que pleurer et appeler sa mère. Elle ne voulait même pas manger et ne buvait que de l'eau. Aussi, elle s'affaiblissait de jour en jour. Son père décida alors d'aller voir une guérisseuse des corps et des âmes. La route fut très longue, et la vieille femme demanda beaucoup d'argent pour louer ses services, mais qu'est-ce que des parents ne feraient pas pour sauver leur enfant d'une malédiction ? Le père accepta et porta la guérisseuse sur son dos afin d'être très vite de retour à la maison. Quand elle vit la petite fille couchée sur son lit, presque sans âme, la guérisseuse comprit aussitôt ce qui s'était passé. « Votre fille a été ensorcelée par Capusa. Dans son corps se trouve une ombre noire qui voile tous ses souvenirs. C'est pourquoi elle ne se rappelle pas son passé. Apportez-moi deux épis de maïs, je vais essayer de vous aider. » Ils lui apportèrent ce qu'elle avait demandé, et la femme commença à frotter le corps de la petite fille avec les épis de maïs, tout en récitant des prières. Petit à petit, les grains jaunes des épis devenaient noirs. C'était l'ombre qui sortait du corps de la petite fille. Quand la dernière graine eut noirci, la petite fille ouvrit les yeux et s'écria : « Maman ! Papa ! J'ai fait un drôle de rêve ! » Tous se réjouirent de sa guérison et du fait qu'elle ne se souvenait plus de Capusa. La guérisseuse ordonna ensuite de faire brûler les épis noircis dans la cheminée, pour que le mauvais esprit soit définitivement chassé.

Depuis lors, ils vécurent heureux. Et, comme ils racontaient leur histoire à toutes les personnes qu'ils croisaient sur leur chemin, les enfants apprenaient ce qu'il fallait faire chaque fois qu'un inconnu les interpellait : ils devaient regarder attentivement les jambes de la personne. Ainsi, Capusa, qui ne pouvait transformer ses pattes, était trahi à chaque fois qu'il voulait s'emparer d'un enfant.

Table des matières

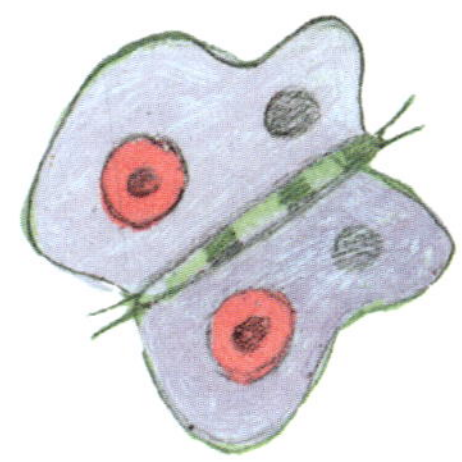